COLLECTION "APOLLON"

DIRIGÉE PAR LÉON BOCQUET

EUGÈNE VERMERSCH

(1845-1878)

FLORILÈGE

PARIS

ALBERT MESSEIN, ÉDITEUR

19, QUAI SAINT-MICHEL, 19

1929

FLORILÈGE

EUGÈNE VERMERSCH

(1845-1878)

FLORILÈGE

PARIS

ALBERT MESSEIN, ÉDITEUR

19, QUAI SAINT-MICHEL, 19

1929

INVECTIVE AU SIÈCLE

I

L'an mil huit cent soixante-huit,
Mon corps étant las de son maître,
Comme un de ces matins, peut-être,
Sur mes yeux tombera la nuit,
Ma raison n'étant pas forcée,
Calme, j'écris mon testament.
Et j'y dirai très fièrement
Ce que je garde en ma pensée.

II

Pour les hommes, ce siècle est dur ;
Sans lâchetés, on n'y peut vivre ;
Le chemin que nous devons suivre
Est ténébreux, rude et peu sûr ;
Impertinence et couardise !
Des colliers meurtrissent nos cous !
Les sots nous appellent des fous
Et nous tolérons leur sottise.

III

Les poètes ont abdiqué
Et les bourgeois dorment leurs sommes ;
O les vils esprits que nous sommes !
Tout défendu, rien attaqué !
Ce siècle est un grand idolâtre,
Et lorsque l'heure sonnera
De livrer l'énorme combat,
Qui se lèvera pour combattre ?

IV

Le fléau des Respectueux
Pèse sur nous comme un poids sombre,
Et j'entends sauteler dans l'ombre
Le lourd troupeau des Vertueux !
Sous les traditions serviles,
Allons-nous éternellement
Vieillir ?... Un vaste abattement
Bête écrase l'enfant des villes.

V

Ce qui fut grand fuit dans l'oubli,
Nos soleils meurent dans la brume ;
O gens sans cœur, tout se résume
Pour vous dans le fait accompli !
L'amour du beau n'a plus de place
Dans l'esprit timide et fané ;
Le Temps, farouche, a ruiné
L'âpre fierté, la vieille audace.

VI

Est-ce que vous n'avez plus rien,
Là, sous votre mamelle gauche?
Perdîtes-vous dans la débauche
Jusqu'à la notion du bien?
Héritiers des Brutus antiques
Êtes-vous à ce point déchus
Que vous ne sachiez dire plus
Que des Amen et des cantiques?

VII

Est-ce donc, ô troupeau dompté,
Pour cette burlesque épopée
Que vos pères, ceignant l'épée
De justice et de vérité,
Joyeux, s'en allaient par la terre
Tremblante sous leurs bataillons
Vêtus de force et de haillons,
Et que leur cœur soufflait la guerre?

VIII

Est-ce donc pour vos lâchetés,
L'asservissement de vos âmes,
Vos accommodements infâmes,
Vos honteuses timidités,
Qu'ils bravaient tous les noirs désastres,
Ces sublimes aventuriers,
Ces hardis vagabonds guerriers
Et qu'ils éblouissaient les astres?

IX

C'est donc, ô peuple de tréteau,
Pour assurer votre inertie
Qu'ils ont sacrifié leur vie,
Qu'ils voulaient, malgré les veto,
Et malgré toutes les censures,
Conquérir le droit éternel
Et qu'ils lançaient contre le ciel
Le sang rouge de leurs blessures?

X

Puisque vous avez oublié
Les grands souvenirs magnanimes ;
Que vous retournez aux abîmes
Où gronde le sombre passé ;
Que du sort des bêtes de somme
Vous paraissez être jaloux ;
Que vos esprits sont à genoux
Et puisqu'en vous, vous tuez l'homme,

XI

O vaincus volontaires, moi,
Soldat des légions sacrées
Dont les prunelles effarées
Regardent fixement le Droit,
Rudement, sans vous faire grâce,
Je m'en vais vous mettre le nez
Dans votre présent gangrené :
Regardez, votre siècle passe !

PROFESSION DE FOI

Oh ! ces juges, je leur en veux !
Je leur garde, dure géhenne !
Une large place en ma haine
Et je ne suis pas content d'eux ;
Car ils se sont montrés en somme
Cruels, en m'appliquant leur loi,
Sans faire attention que, moi,
Je ne suis pas un méchant homme.

Je ne suis pas les bataillons
Des débauchés et des impies
Et je poursuis les utopies
Comme d'autres les papillons ;
Aux grandes luttes décidée,
Amoureuse des fiers sommets
Mon âme dédaigne les Faits
Et ne recherche que l'Idée.

Les factions ne me sont rien :
La faction est une oblique ;
Vienne demain la République,
Elle ne peut ni mal ni bien.
Les gouvernements, quoi qu'on fasse,
Suivront encor le même cours ;
Ce seront des hommes toujours,
Et je n'en attends nulle grâce.

Car en moi je sens un instinct
D'opposition éternelle,

Comme éternellement en elle
La mer, un orage lointain.
Tolérer, défendre, ou permettre
Sont des violations du droit :
Je m'insurge contre elles, moi,
Qui ne reconnais pas de maître.

Pour que vaille l'autorité,
Qu'elle soit vraie et juridique,
Il faut que mon esprit abdique
Et commette sa liberté :
Tout ordre d'un maître est débile
Devant le veto de chacun :
Pensez-vous donc m'en donner un
Parce que vous vous mettrez mille ?

Non, non, je garde ma rancœur ;
Le nombre n'est pas une force !
Vous ne percerez pas l'écorce
De chêne et de fer de mon cœur.

Dressez prisons et guillotines !
Torturez tout, souffletez tout !
Seul, je saurai rester debout
Sur vos dignités en ruines !

LE SOUVENIR DE RACHEL

Si de l'or flâne en mon gilet,
Qu'on le porte chez Rachel, fille
Qui reste seule, sans famille,
Et loge près du Châtelet.
Elle est jolie et mal famée,
Elle a l'œil bleu, grand et moqueur,
Et c'est des reines de mon cœur
Celle que j'ai le mieux aimée.

*
* *

Elle n'est pas d'esprit méchant
Et c'est une bonne personne ;
Mais l'air de ce temps empoisonne
Et pour les fleurs est desséchant.
La petite rose est fanée
Qui, dans son cœur devait s'ouvrir ;
Moi, je garde le souvenir
Qu'elle m'aima toute une année.

*
* *

Ce n'est point sa faute, après tout,
Si sa vie est triste et brutale,
La faim rend la figure pâle :
Les lys seuls vivent sans un sou.
C'est un rude meneur d'intrigue
Que l'estomac, qui n'aime pas
Les problématiques repas,
Et je comprends qu'il s'en fatigue.

*
* *

*En somme, pourquoi l'accuser
Celle avec qui je voulais vivre ?
Bien souvent, elle me fit ivre
Avec le vin de son baiser,
Avec le doux parfum sauvage
Qui sortait de ses longs cheveux
Et la langueur de ses yeux bleus
Qui me tenaient en son servage.*

*
* *

*Nous sommes souvent des ingrats
Pour nos anciennes amoureuses,
Parfois peut-être malheureuses
Et peut-être pleurant tout bas !
O mon cœur, ne sois pas farouche,
Malgré le passé décevant,
Mes pensers s'envolent toujours
Vers le paradis de sa bouche.*

BALLADE DU BON CONSEIL

Touchez à tout ce que pourra faucher
Quelque matin notre doute morose ;
Touchez aux vers et touchez à la prose ;
Touchez aux fleurs de nacre du pêcher ;
Aux papillons prompts à s'effaroucher ;
Au clair satin du lys et de la rose ;
Au doux, au fort et même au grandiose :
Mais pour le froc, gardez-vous d'y toucher !

*
* *

Touchez aux grands qui vous peuvent brancher ;
Si leur caprice à ce jeu se repose ;
Touchez aux cœurs où votre loi s'impose,
Vénus la blonde et toi, divin Archer !
Même aux enfants qu'au soir on voit pencher
A l'Opéra, dans une apothéose ;
Même au talent d'un altier virtuose :
Mais pour le froc, gardez-vous d'y toucher !

*
* *

Touchez au feu mal éteint d'un bûcher,
Touchez, touchez, à la divine chose,
Par quoi l'on meurt souvent, on lutte, on ose,
A Dieu, combien qu'on vous veuille empêcher,
Aux jeunes seins, plus fermes qu'un rocher,
Au doux baiser langoureux qui se pose
Sur les rubis d'une bouche mi-close :
Mais pour le froc, gardez-vous d'y toucher !

ENVOI

Vous qui passez votre vie à pécher,
Le jour, la nuit, sans répit et sans pause,
Touchez au dogme, à la Bible, à sa glose,
Mais pour le froc, gardez-vous d'y toucher !

INVITATION A LA PROMENADE

Partons, chère !... Partout les haies
S'écroulent sous les liserons !
Sur la mousse nous dormirons
A l'ombre des hautes futaies !

Quittons Paris !... Paris est laid,
Paris est sale ! on n'y peut vivre !
Chère, partons ! Je veux être ivre
De la chanson du roitelet !

Paris est banal ou farouche !
Dès juin il faut le mépriser :
Dans la forêt je veux baiser
La fraicheur rose de ta bouche.

Pour nos fêtes d'amour, je veux
Les bois verts où sifflent les merles,
Où le rossignol boit des perles
Au fond des grands calices bleus.

Les champs de bruyère fleurie
Où les affolés tourbillons
Des abeilles, des papillons
Fêtent un geai qui se marie.

Dans les grands bois silencieux
Nous parlerons avec les roses
Et nous nous moquerons des choses
Qui réclament du sérieux !

Eh ! que nous font les imbéciles !
Y mettons-nous tant de açons?
Ma belle, si tu veux, passons
Le contrat des amours faciles,

Car, je ne sais rien de plus clair
Parmi tous les trésors du monde
Que la lumière douce et blonde
Qui, sur le satin de ta chair,

Glisse en ondes tièdes ou blanches,
Au bruit assourdi des bassins,
Et tombe en neige sur tes seins
Indécise, du haut des branches !

LES INCENDIAIRES

I

Paris flambe à travers la nuit farouche et noire,
Le ciel est plein de sang, on brûle de l'histoire.
Théâtres et couvents, hôtels, châteaux, palais
Qui virent les Fleurys après les Triboulets,
Se débattent parmi les tourbillons de flammes
Qui flottent sur Paris comme les oriflammes
D'un peuple qui se venge au moment de mourir.
Le feu de pourpre et d'or monte comme un soupir

Vers les appartements secrets des Tuileries,
Sèche les plafonds peints et les chambres fleuries
Et, dévorant, au fond des boudoirs étoilés
Les meubles précieux, les plafonds ciselés,
Les laques, les tableaux et les blanches statues
Dont l'orgueil virginal enfle les gorges nues,
Il montre dans la nuit au monde épouvanté
Comment tombe Paris drapé dans sa fierté.
Ce lourd entassement qu'étayaient des faits sombres
Le Louvre aussi flamboie et s'écroule en décombres,
Avec ses murs de marbre et ses portes d'airain.
L'antre où rôdait encor l'ombre de Mazarin
Et qui frémit le jour qu'à la voix de Camille
Le peuple décréta qu'on prendrait la Bastille,
Le palais de Philippe-Égalité n'est plus...
Ces pans de murs noircis, ces débris inconnus,
Ces pierres sur le sol, ce furent les Finances ;
Ce léger édifice où dans le bruit des danses,
Des coupes, des baisers, des amoureux serments,
Le traître Salm vendait la France aux Allemands

Et que plus tard sacra le souffle de Corinne,
La Légion d'Honneur n'est plus qu'une ruine...
Le Palais de Justice et l'Hôtel de Pietri
Et la Conciergerie — où Damiens meurtri,
Robespierre, Vergniaud et ceux de la Rochelle
Apparaissent — autour de la Sainte-Chapelle,
Ainsi que trois flambeaux surhumains et sacrés,
Brûlent ensemble aux yeux des tueurs effarés.
Cette torche, là-bas, jaunâtre et violette,
Qui tremble au vent : c'étaient les docks de la Villette ;
Ici près, c'est la Cour des Comptes qui se tord
Dans un embrasement farouche qui la mord
Et qui broie en courant ses piliers, ses toitures
Et la bibliothèque où des larves impures
Dormaient sur les dossiers du monde impérial.
Et plus loin, l'ouragan vengeur de Prairial
A, sur les Gobelins, déchaîné la tempête ;
La soie en fleurs le long des métiers toute prête
Fond en frisant, ainsi que des cheveux d'enfant.
L'incendie est partout, immense, triomphant ;

Il danse sur le toit, il rampe dans la cave ;
Le plomb en nappes coule ainsi que de la lave
Et sur les pavés noirs s'étale en flots d'argent.
Puis, tout à coup, un feu gigantesque, émergeant
Du milieu de la ville effrayante, domine
La grandiose horreur du canon, de la mine,
Eclatant en faisant sauter tout un quartier,
Et du mur qui chancelle et s'abat tout entier,
Avec le grondement prolongé du tonnerre,
Les voix, les pleurs, le bruit des pas, les cris de guerre.
Et l'on voit s'élancer, vers les astres surpris,
Le grande âme de la cité qui fut Paris...
La flamme impitoyable étreint l'Hôtel de Ville.
O souvenirs ! Histoire héroïque ou servile !
O maison aux piliers ! Grand Etienne Marcel !
Conseil des Seize ! Ligue ! O silence cruel
Qui bâillonne Paris durant deux cents années !
Commune où, pour flétrir les têtes couronnées
Pareille au bruit du vent déchaîné sur la mer,
La fougue de Danton couvrait la voix d'Hébert !

Balcon qui vit la France outragée et vendue
Par trois fois acclamer la liberté rendue !
Jadis Quatre-vingt-neuf avec ses rubans verts,
Un beau soir de juillet, pour le vieil univers,
Y monta proclamant ton verbe, ô République !
C'est de là que plus tard la populace épique
Vit sur l'horizon plein de rires et de voix
Le passé qui fuyait dans le fiacre des rois.
C'est là qu'elle brisa la chaîne impériale,
C'est là qu'elle affirma la force communale !...
O dévouements, fiertés, gloires ! Écroulements,
O sang du peuple, os des aïeux, siècles dormants !
Paris est mort !... Et sa conscience abîmée,
A tout jamais s'évanouit dans la fumée !...
Eh bien ! quand l'incendie horrible triomphait
Une voix dans mon cœur criait : « Ils ont bien fait ! »

II

Pourtant, je suis l'ami des roses
Et je baise leurs lèvres closes
A travers les pleurs du matin ;
Je suis bien connu des abeilles
Qui suivent sur les fleurs vermeilles
Les grands papillons de satin.

** **

Vers le retour des hirondelles
Tous mes rêves battent des ailes,
Et planent dans l'azur des cieux.
Ils voyagent, légion blanche,
Dans les clartés que l'aube épanche
Et dans l'oubli délicieux.

** **

Vienne juillet, il faut que j'aille
Dans les bois où rôde la caille ;

Dans les parfums, dans les chansons ;
Je ne retrouve plus ma route,
Et pour seul guide alors, j'écoute
L'oiseau caché dans les buissons.

Perdu dans le ravin paisible,
J'éprouve un bonheur indicible
A ne plus savoir où je suis ;
L'odeur sauvage des bruyères
Me ravit et, dans les clairières,
J'ai dormi pendant bien des nuits.

Rien dans mon âme ne murmure
Contre les ronces où la mûre
Saigne, ou contre l'orgueil des lys ;
Je pardonne leurs bavardages
Aux pétulants merles sauvages
Dans les feuilles ensevelis.

*
* *

Je passe aux roses leurs toilettes
Et l'améthyste aux violettes.

Et la topaze aux vers luisants,
Aux faisans d'or leur luxe étrange,
Aux loriots la soie orange
Dont s'enflamme leurs cous charmants.

*
* *

Je n'éclate pas en reproches
Si la source, qui dans les roches
Roule un babil perpétuel,
Tout comme les yeux de la femme
Où jadis se plongea mon âme,
Reflète la splendeur du ciel.

*
* *

Les beaux soirs d'automne aux vesprées,
Quand je vois les grappes pourprées

Qu'un rayon de lune poursuit,
Je pardonne aux grives gourmandes
Qui parlent comme des flamandes
Un jour de kermesse à minuit.

*
* *

Je voile mon âme sereine
Quand brillent des yeux où la haine
Et le crime sont triomphants ;
Et mes illusions perdues
Apaisent leurs lèvres émues
Sur le front chaste des enfants.

*
* *

Bien souvent des oiseaux de proie,
En poussant de grands cris de joie
Du bec ont déchiré mon cœur,
Mais j'ai purifié mon âme
Avec la douceur d'une femme
Et l'humilité d'un pécheur.

*
* *

J'ai cherché, malgré la tourmente,
Le dahlia bleu, la fleur qui chante
Loin des jaloux, loin des méchants,
J'ai voulu me faire une vie
Pure comme une symphonie,
Blanche comme les ramiers blancs.

*
* *

J'aspire pendant la bataille
Tandis que siffle la mitraille,
A la paix douce, à l'aube, au jour,
Sans ambition plus farouche
Que de pouvoir baiser la bouche
Où naîtront des propos d'amour.

*
* *

J'abhorre la guerre, et je rêve
Aux siècles lointains où le glaive

3

Aura la forme d'une faulx,
Où la gloire n'aura de palmes
Que pour les héros, forts et calmes
Faisant des biens avec nos maux.

Et j'appelle l'heure azurée,
Où les hommes, troupe sacrée,
Avec le lait, avec le miel,
Revêtus de tuniques blanches,
Iront célébrer sous les branches
L'apaisement universel.....

EAU-FORTE

Sous son toit de chaume vermeil
La vieille ferme est réjouie ;
Par l'éternel jeune soleil
La cour carrée est éblouie ;

Dans l'or éclatant du fumier
Des poules cherchent leur pitance ;
Fier des pourpres de son cimier,
Un coq chante avec turbulence.

Des cochons grognent dans un coin ;
Appuyée au mur une échelle
Conduit dans le grenier à foin ;
Le canard cause à la sarcelle.

Les moutons blancs, d'un ton bénin,
Disent le bonjour aux génisses ;
Jeanne, en costume du matin,
Presse le lait dans les éclisses,

Tandis qu'un œillet au chapeau,
Un gars aux pommettes fleuries
En chantonnant, mène un troupeau
De dindonneaux dans les prairies.

A VENDRE OU A LOUER

Ma pauvre âme a bien faim d'amour :
Ouvre ton petit cœur, la belle !
      Tic, tac ;
Aimons-nous vite, le Temps court,
Arrachons la plume à son aile,
      Tic, tac.

Dis ? où vont les fleurs du vallon
Et les feuilles blanches des ormes ?
Tic, tac ;
La bulle folle de savon
Et les léviathans énormes ?
Tic, tac.

Rêve-t-on quelque chose au ciel
De plus pur que la lèvre rose,
Tic, tac,
Où souvent pour prendre son miel
L'abeille rieuse se pose ?
Tic, tac.

*
* *

Et Dieu lui-même a-t-il trouvé
Chez la Vierge aux mystiques voiles,
      Tic, tac,
Un idéal plus achevé
Qu'en tes yeux, rêveuses étoiles?
      Tic, tac.

*
* *

Je veux t'entendre gazouiller
Là, sur mon cœur, bien loin du monde,
      Tic, tac.
— Oh! là, là! tu peux te fouiller
As-tu, *répondit l'enfant blonde*
      Le sac?

MARIE-MAGDELEINE

La Magdeleine accroupie
Sur ses deux talons rosés,
Tête basse, œil morne, prie,
Ses seins de pleurs arrosés ;

Et ses longs cheveux de soie
Déroulés sur son dos nu,
Font de la fille de joie
Comme un doux ange ingénu.

« *Bonjour ! lui dit la nuée,*
« *Salut ! lui disent les fleurs,*
« *Divine prostituée,*
« *Salut ! nous sommes tes sœurs.*

« *O Magdeleine aux mains blanches,*
« *Tes cheveux sont des flots bruns*
« *Et tes yeux sont des pervenches*
« *Et tes soupirs des parfums !* »

Si les jours de la Madone
Peut-être sont moins tachés,
A Magdeleine on pardonne
En faveur de ses péchés ;

Magdeleine que j'adore,
Fille du ciel et du jour,
Tes péchés sont de l'aurore,
Tes péchés sont de l'amour !

LE POÈTE

Vers le pays d'azur, hors de nos temps moroses,
Dans le parfum des lys et la lueur des roses,
Le Poète est parti, sans bourse et sans manteau,
Il chante le divin baiser, la beauté blonde,
Les flèches d'or tombant dans la forêt profonde,
Les saules renversant leur image dans l'eau.
Comme dans les hauteurs du ciel une alouette,
On écoute sa voix qui dit l'immense amour,
Et vient de la patrie immortelle du jour.
La Mort aussi l'écoute, attentive et muette,
Et, sans qu'il ait fini seulement sa chanson,
Emporte le chanteur dans le néant sans fond.

LE ROI

Sous son casque d'or fin, dans la pourpre et l'hermine,
Sur son trône qu'un dais éblouissant domine
Le Roi, chargé d'honneurs, toujours victorieux,
Songe et se ressouvient des aïeux de sa race :
Il a la gloire ; il a la force ; il a l'audace ;
La foudre est dans sa main et la loi dans ses yeux...
Et ses aïeux aussi se baignaient dans la gloire !
Leurs cimiers blancs étaient baisés par le soleil !
Les peuples adoraient l'ongle de leur orteil !
L'astre s'éteint, les lys sont morts, la tombe est noire.
Et, dans les profondeurs du jardin automnal,
Il regarde de loin jouer l'enfant royal.

LA HÊTRAIE

C'était une hêtraie, élevée et profonde,
Oasis de fraîcheur et de sérénité,
Au sommet d'un coteau plantée avec fierté,
Calme à s'y croire encore aux premiers jours du monde.

Aucun sentier frayé n'y conduisait d'en bas ;
Il fallait y grimper dans de hautes fougères,
Des massifs de sapins et des champs de bruyères,
Qui dans l'herbe agitaient leurs grands bouquets lilas.

Des lapins gris rayaient des zigzags de leurs courses
Le gazon court jonché par les pommes de pin ;
Et, de quelque côté que l'on prit son chemin,
On faisait fuir des vols d'oiseaux buvant aux sources.

Des quartiers de rochers vieux comme l'univers
Se levaient pêle-mêle et vous barraient la route ;
Une eau d'argent filtrait à leurs pieds, goutte à goutte,
Et des tulipes d'or tremblaient à leurs fronts verts.

Il tombait de la voûte un demi-jour douteux,
Pareil à la clarté des vieilles basiliques ;
Et, comme des piliers, les arbres symboliques
Dressaient tout droit au ciel leurs fûts religieux.

Le vent dans le lointain secouant des mélèzes
M'apportait les soupirs d'un orgue qui s'endort.
Et, dans cet air tiédi, je crois sentir encor
L'encens des résédas et le parfum des fraises.

Des faisans empourprés passaient discrètement
Mettant sur le sol nu leurs sveltes ombres bleues
Et leur col zébré d'or, l'arc de leurs grandes queues
Dans les herbes jetaient des feux de diamant.

TABLE

ACHEVÉ D'IMPRIMER

LE 12 OCTOBRE 1929

POUR ALBERT MESSEIN

PAR

L'IMPRIMERIE CH. HÉRISSEY, A ÉVREUX.

IMPRIMERIE
CH. HÉRISSEY
:: ÉVREUX ::

www.ingramcontent.com/pod-product-compliance
Lightning Source LLC
LaVergne TN
LVHW022339170726
843503LV00008B/3435